📖 주제

· 분배 · 공평 · 기회 · 공정

📖 활용 학년 및 교과 연계

초등 과정	3학년 도덕	1. 나와 너, 우리 함께
	4-2 사회	2. 필요한 것의 생산과 교환
	6-1 사회	3. 우리나라의 경제 발전
	6학년 도덕	2. 작은 손길이 모여 따뜻해지는 세상
		우리가 만드는 도덕 수업 1. 내 힘으로 일어서서 우리 모두의 행복을 위해
		4. 공정한 생활

초등 첫 인문철학왕
나 축구 선수 그만할래!

초판 1쇄 발행 2023년 3월 30일

글쓴이 박봉숙 | 그린이 김석 | 해설 현남숙
기획편집 이정희 | 편집 최정미 박주원
디자인 문지현 | 생각 실험 디자인 이유리

펴낸이 이경민 | 펴낸곳 ㈜동아엠앤비
출판등록 2014년 3월 28일(제25100-2014-000025호)
주소 (03972) 서울특별시 마포구 월드컵북로22길 21, 2층
전화 (편집) 02-392-6901 (마케팅) 02-392-6900 | 팩스 02-392-6902
홈페이지 www.moongchibooks.com | 전자우편 damnb0401@naver.com | SNS 📘 📷 blog

ISBN 979-11-6363-617-5(74100)

※ 잘못된 책은 구입한 곳에서 바꿔 드립니다.
※ 이 책에 실린 사진은 셔터스톡, 위키피디아, 게티이미지뱅크(코리아)에서 제공받았습니다. 그 밖의 제공처는 별도 표기했습니다.

 도서출판 뭉치는 ㈜동아엠앤비의 어린이 출판 브랜드로, 아이들의 지식을 단단하게 만들어 주고, 아이들의 창의력과 사고력을 키워 주어 우리 자녀들이 융합형 사고뭉치와 창의뭉치로 성장할 수 있도록 좋은 책을 만들겠습니다.

'질문'의 힘! '생각'의 힘!
'미래 인재'로 가는 힘!

어린이와 학부모님들께 《초등 첫 인문철학왕》을 추천할 수 있어서 매우 기쁩니다. 어린이들이 이 시리즈를 통해 '나'에 대해, 나와 공동체 사이의 소통에 대해, 세상의 이치와 진리에 대해 마음껏 질문하고 생각하기를 바라기 때문입니다. 그렇게 되면 창의적으로 문제를 해결하는 힘 또한 커질 수 있다고 믿기 때문이지요.

'제4차 산업혁명의 시대'라는 말처럼 우리는 모든 것이 혁신적으로 변화하는 시대에 살고 있습니다. 스마트폰, 인공 지능, 첨단 로봇 등 새로운 기술과 지식이 나오는 속도도 이전과 비교할 수 없을 정도로 빨라졌지요. 세상에 넘쳐나는 지식과 정보는 이제 누구나 쉽게 구할 수 있고, 개인의 두뇌에 담아낼 수 있는 용량을 넘어선 지 오래입니다. 결국 이 시대의 아이들에게 필요한 것은 지식보다는 그 지식을 다루는 지혜와 창의성 아닐까요?

7차 교육과정 개정 이후 학교 교육도 이러한 시대 흐름에 맞추어 미래 사회가 요구하는 인문학적 상상력과 과학기술 창조력을 두루 갖춘 창의융합형 인재를 양성하는 것을 목표로 합니다.

'철학'은 '지혜를 사랑하는'이란 뜻을 가진 말입니다. 이 학문은 여러분처럼 모든 것에 호기심 많았던 철학자들로부터 시작됩니다. 아주 오래전부터 인간, 사회, 자연, 우주, 진리 등 다양한 분야에서 다른 사람들보다 더 깊이, 더 많이, 그리고 아주 끈질기게 했던 수많은 질문과 탐구를 하며 만들어졌습니다.

마치 높은 곳에 올라가면 마을 전체를 내려다볼 수 있는 넓은 시야를 얻게 되듯이, 철학을 한다는 것은 하나의 문제를 더 큰 눈으로 볼 수 있게 되는 것이랍니다. 그러면 어떤 점이 좋을까요? 더 넓게 보는 눈, 더 깊이 있게 보는 눈, 다른 사람들이 생각하지 못한 부분들을 상상하고 찾아낼 수 있는 눈이 생깁니다. 또 우리 앞의 문제들을 자신만의 창의적인 방법으로 해결할 수도 있고, 그 문제를 해결하다가 다른 더 큰 문제를 발견하여 미리 처리할 수도 있습니다.

《초등 첫 인문철학왕》은 바로 그러한 생각의 눈을 아주 활짝 열어 줄 것입니다. 주제와 관련된 재미있는 동화, 이와 연결된 깊이 있는 인문 해설과 철학 특강, 창의·탐구 활동 등으로 구성된 시리즈는 아이들이 세상에 넘쳐 나는 지식을 지혜롭게 다루는 힘을 길러서, 문제해결력을 갖춘 창의적 인재로 성장할 수 있게 해 줄 것입니다.

그러니 이 책을 읽으며 여러 분야에서 떠오르는 호기심과 질문들을 혼자만 가지고 있지 말고 친구, 가족과도 나누어 보시길 바랍니다. 모두가 질문하고 생각하는 힘이 생긴다면, 어려운 문제들을 함께 해결해 나가는 공동체를 만들 수 있겠지요?

이 책을 읽는 여러분들 모두, 그런 멋진 공동체를 하나둘 만들어 나가는 지혜로운 미래 인재가 되기를 기대합니다.

이지애 드림
(이화여대 철학과 부교수, 한국 철학교육 학회 회장)

초등 첫 인문철학왕
이렇게 활용하세요!

생각 실험

생각 실험은 어떤 사실을 알기 위해 여러 가지 실험과 사례를 연구하는 것이에요. 철학이나 자연 과학 분야 등에서 널리 사용되는 방법이에요. 권마다 주제에 관련된 실험, 유명한 인물의 사례 등을 읽으며 상상력과 문제 해결력을 키워 보세요.

만화 & 동화

인문 철학 주제별로 아이들의 생활 세계 속 이야기, 패러디 동화 등이 다양하게 펼쳐져요. 처음과 중간은 만화, 본문은 그림 동화로 되어 있어서, 재미난 이야기에 푹 빠질 수 있어요.

인문철학왕되기

오랫동안 어린이들과 함께 철학 수업을 연구하고 진행해 온 한국 철학교육연구원 소속 교수와 연구진들이 집필했어요.

소쌤의 철학 특강, 인문 특강, 창의 특강으로 구성되었어요. 주제와 이야기 안에 숨겨진 철학적 문제들에 대해 함께 답을 찾아갈 수 있도록 깊이 있는 토론과 특강, 그리고 재미있는 활동으로 구성되었어요.

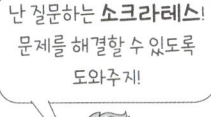

난 질문하는 **소크라테스**! 문제를 해결할 수 있도록 도와주지!

난 **뭉치**. 같이 생각하고 토론하지!

난 늘 창의적인 **새롬**이!

난 생각이 깊은 **지혜**!

교과 연계

각 권마다 최신 개정 교과서 단원과 연계되어 교과 학습에 도움이 되도록 구성되었어요. 권별로 확인하세요.

이 책의 차례

추천사 ·· 4

구성과 활용 ·· 6

생각 실험 명문 고등학교에
공정한 입학 기회를 주는 방법은? ············· 10

만화 동생이라고 무조건 양보해야 할까? ············· 20

토끼와 거북이의 경주는 공정한가? ············· 22
- **인문철학왕되기1** 공정한 분배란 무엇일까?
- **소쌤의 인문 특강** 부를 나누는 기준은 어떻게 변해 왔을까?

누가 주장이 되었을까? ············· 44
- **인문철학왕되기2** 기회는 모두에게 고루 분배될까?
- **소쌤의 철학 특강** 존 롤스가 말하는 공정한 분배란?

| 만화 | 키 작아서 농구를 못 하는 건 불공평해! 66

대승이의 축구 레슨 72
- 인문철학왕되기3 기회가 공평하지 않을 때 어떻게 해야 할까?
- 소쌤의 창의 특강 에스키모인들은 고래를 잡으면 어떻게 나눌까?

공정한 세상이 되려면? 94
- 인문철학왕되기4 만일 나라면?
- 창의 활동 정의의 가면 쓰기 놀이

생각실험

명문 고등학교에 공정한 입학 기회를 주는 방법은?

미국에 있는 **토머스제퍼슨(TJ) 과학고**는 공립 영재 학교예요. 미국 국·공립 고등학교 중에서 **최고 명문으로 꼽히는 곳**이지요. 토머스제퍼슨 과학고에 입학하려면 공부를 잘해야 했어요.

중학교 성적도 좋아야 하고 입학시험도 잘 봐야 했어요.
그뿐 아니라 **글쓰기**도 잘해야 하고,
교사 추천서도 받아야 했지요.

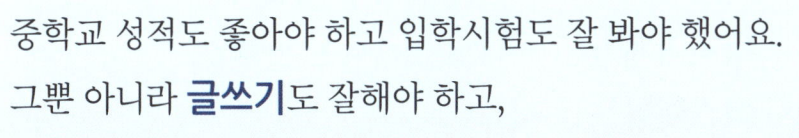

와, 미국 최고의 명문 고등학교라고?

공부를 엄청나게 잘해야 들어갈 수 있겠구나.

2020년 토머스제퍼슨 과학고의 **신입생 비율**을 살펴보니
인종별로 **아시아계**가 가장 많았고 그다음이 **백인**,
그다음이 **히스패닉***이었어요.
자식 교육에 투자를 많이 하는 집안일수록
입학생이 많이 나온 거예요.

 히스패닉이란 스페인어를 모국어로 쓰는 라틴 아메리카계의
미국 이주민과 그 후손들을 말해.

> 공부를 가장
> 열심히 하는 건 우리
> 아시아인이지.

> 백인들이
> 미국의 상류사회를
> 차지하는 건 당연해.

> 우리 히스패닉들은
> 기회가 없었을 뿐이야.

어느 날 교장 선생님은
**여러 인종, 다양한 사람들에게
고루 입학 기회가 주어지도록 기존의 입학
제도를 시험에서 추첨으로 바꾸자고 제안**했어요.
그래야 **가난한 흑인이나 히스패닉 학생에게
기회를 더 줄 수 있다**는 이유에서였어요.

"
입시 교육을 얼마나 시켰느냐에 따라 명문 학교의 입학이 결정되는 것은 공정하지 않아요. **교육의 기회는 고루 분배**되어야 해요. 그러려면 기본 실력만 갖춘 학생들을 대상으로 제비뽑기를 해야 해요. 겉보기에만 공정한 시험보다는 **차라리 제비뽑기가 더 공정합니다.**
"

> **교장 선생님! 시험 성적이 가장 공정한 객관적 잣대** 아닌가요? 추첨제로 학생들을 선발하면 토머스제퍼슨 과학고 학생들의 실력이 지금보다 낮아지고, **명문고로서의 명성도 잃게 될 거예요.** 추첨으로 학생들의 미래를 운에 맡기는 것보다 **자신의 능력을 갈고닦는 것이 그나마 공정한 기회의 분배라고요.**

추첨으로 입학하는 게 좋을까? 시험 쳐서 들어가는 게 나을까?

어렵다, 어려워.

공정한 분배란 무엇일까요?

　우리는 누구나 이 사회에서 자신이 노력한 만큼 공정하게 분배받고 싶어 해요. 하지만 공정하게 분배하는 것은 생각만큼 쉬운 일은 아니에요. 정의로운 사회는 각자의 노력을 중시하되, 아무리 노력해도 분배받기 어려운 이들을 우선적으로 배려하여 불공정을 줄여 나가는 사회라고 할 수 있어요.

기회가 공정하게 분배되는 사회와
능력을 제일로 치는 사회,
여러분은 어떤 사회에 살고 싶은가요?

내 돈 주고 산 펜인데. 동생은 허락도 없이 마음대로 쓰고.

형이면 무조건 동생한테 양보해야 하는 게 맞는 거야?

네 심정은 이해가 되는데. 어쩌겠니? 동생이니까 돌봐 줘야 하지 않을까?

진정해.

왜? 왜? 왜 동생은 돌봐 줘야 하는데? 나랑 동생이랑 뭐가 다른데?

네가 지승이보다 크고 힘도 세고, 똑똑하잖아.

내가 먼저 태어난 게 잘못이냐? 무조건 나눠 주게.

네 말대로라면 동생이 있는 사람들은 평생 동생에게 빼앗기는 불평등한 세상에서 살아야 하는 거야?

아니지. 동생이 크면 그때는 양보하지 않아도 되지 않을까?

토끼와 거북이의 경주는 공정한가?

　대승이는 별명이 '승부사'예요. 왜냐하면 공부도 잘하고 운동도 잘하지만, 게임을 할 때 꼭 이겨야 하거든요.
　대승이는 요새 지우개 시합에 재미를 붙였어요.
　"비켜, 내 차례야."
　대승이는 자신만만한 태도로 앞으로 나갔어요. 상현이 지우개가 책상 모서리로 밀려났어요.
　"헉!"
　상현이는 움찔해서 대승이를 쳐다보았어요. 대승이는 여유롭게 씩 웃으며 상현이의 지우개를 쳐다봤어요. 마치 잡아놓은 먹이를 바라보듯이요.
　"히힛, 간다. 슝-슝."

대승이는 장난스럽게 웃으면서 손가락을 동그랗게 말아 힘껏 퉁겼어요. 대승이의 커다란 지우개가 상현이 지우개 모서리를 쳤어요. 상현이 지우개가 뱅글뱅글 돌면서 책상 아래로 떨어졌어요.

지켜보던 아이들의 입에서 "역시!" 하는 탄성이 터져 나왔지요.

"이건 공평한 게임이 아냐. 대승이 지우개는 특별하잖아!"

상현이가 억울한 듯이 말했어요.

"그렇게 억울하면 너도 이런 지우개 사 오면 될 거 아냐!"

대승이는 어깨를 으쓱 올리며 지우개를 소중하게 필통 안에 넣었어요.

그 말을 들은 상현이는 아무런 말도 하지 못했어요. 대승이는 상현이 눈에 눈물이 살짝 고인 것을 보았어요.

'재미로 하는 게임인데, 뭘 울려고 그래.'

대승이는 오히려 상현이가 너무 게임에 집착한다는 생각이 들었어요. 아무튼 오늘도 지우개 시합에서 이겨서 기분이 짱이었지요.

대승이의 지우개는 무겁고 크고 단단해요. 대승이 삼촌 회사에서 어린이날 기념으로 특별히 제작한 것이거든요. 그래서 문구점에서는 살 수 없어요.

대승이는 오늘도 상현이, 필승이, 준수, 기태, 하준이의 지우개를 다 땄어요.

바로 그때였어요. 끝자리에 앉아 말없이 책을 보던 성인이가 가방에서 지우개를 꺼내 들고 대승이 앞으로 다가왔어요.

"나랑 지우개 따먹기 한 판 해볼래?"

평소 말이 없던 성인이의 말에 반 아이들은 모두 놀라 성인이를 쳐다봤어요.

"네가 하겠다고?"

대승이는 콧방귀 뀌듯 대답했어요.

"응. 나도 지우개 있어."

대승이가 큰 소리로 대답했어요.

"오케이."

성인이와 대승이의 지우개 시합에 아이들이 몰려들었어요. 평소에 성인이는 조용하고 앉아서 책만 보는 아이거든요. 그런데 대승이와의 지우개 시합에 도전장을 내밀다니 다들 깜짝 놀랐어요.

"가위, 바위, 보."

성인이가 이겼어요.

"너 먼저 공격해."

대승이가 자신만만한 목소리로 여유 있게 지우개를 책상 한가운데 내려놨어요.

성인이가 손에 쥐고 있던 지우개를 책상 위에 올려놨어요. 대승이는 성인이의 지우개를 힐끗 쳐다봤어요. 꽤 넓적하고 단단해 보였어요. 물론 대승이 지우개처럼 크지는 않았지요.

"너도 지우개 잃고 빌려 달라고 하지 마라."

대승이가 빈정대며 말했어요.

성인이는 천천히 대승이의 지우개와 책상을 살펴보며 공격할 각도를 잡았어요.

"아, 빨리 하라고."

대승이가 재촉했어요.

성인이가 손가락을 가볍게 튕겨 지우개를 대승이 지우개 앞에 밀어 넣었어요. 공격하지 않고 대승이 지우개 코앞에 갖다 놓자 아이들은 아쉬운 눈빛을 보냈어요. 그동안 서러움을 당했던 반 아이들은 마음속으로 성인이를 응원했어요.

"히힛, 그러면 그렇지."

대승이가 힘껏 지우개를 튕겼어요. 대승이의 지우개가 성인이의 지우개를 힘껏 밀었지만 성인이의 지우개는 조금 밀렸다가 서 버렸어요.
　순간 대승이는 긴장했어요. 이번에는 성인이가 자신의 지우개를 뒤로 밀어 대승이 지우개에서 더 도망을 갔어요.
　"비겁하게 도망이나 가고, 지우개가 아깝다."
　대승이의 비웃음에 성인이는 입을 굳게 다물고 지우개만 쳐다봤어요.

"내가 한 방에 끝내 줄게."

대승이는 모서리에 있는 성인이의 지우개를 노려봤어요. 대승이는 손가락을 힘껏 튕겼어요. 하지만 성인이의 지우개는 조금밖에 안 밀렸어요. 대승이의 지우개만 책상 끝에 섰지요. 대승이의 얼굴이 노래졌어요.

성인이가 서두르지 않고 천천히 대승이 지우개와 자신의 지우개 각도를 재 보더니 손가락을 강하게 튕겼어요. 아이들은 모두 성인

이의 지우개가 드디어 대승이의 지우개를 이겼다고 생각했어요.

하지만 성인이의 지우개는 바위처럼 큰 대승이의 지우개에 부딪혀 뒤로 밀려나고 말았어요. 순간 아이들은 "어--우" 소리를 지르며 안타까워했어요.

대승이 얼굴에 미소가 번졌어요.

자신감을 되찾은 대승이는 공격을 시도했어요. 성인이는 서두르지 않고 대승이의 공격을 피하며 기회가 될 때마다 공격을 시도했지만, 두 배 이상 큰 대승이의 지우개를 이길 수는 없었어요.

결국 성인이의 지우개도 대승이의 필통으로 들어가고 말았답니다. 혹시나 하는 마음으로 지우개 시합을 바라보던 아이들은 대승이의 지우개를 이길 수 없다는 생각에 실망했지요.

아까부터 눈에 불을 켜고 보던 하윤이가 다가왔어요. 그러고는 따박따박 따졌어요.

"나는 이해가 안 되네. 지우개 크기가 다른데 함께 시합하는 건 공평하지 않아. 씨름할 때도 몸무게가 같은 사람끼리 하잖아. 그러니 지우개 시합을 할 때도 지우개 크기에 따라 다르게 해야 하는 거 아니야?"

하윤이는 늘 바른말을 해서 별명이 '바른말쟁이'예요. 그 말을 들은 남자아이들은 고개를 끄덕였어요.

"맞아. 이건 너무 불공평해."

상현이도 맞장구를 쳤어요. 하지만 대승이는 태연하게 대꾸했어요.

"야, 억울하면 내 거보다 더 큰 지우개를 가져오라고. 이런 지우개를 가지고 있는 것도 능력이라고!"

대승이의 당당한 태도에 아이들은 움찔했어요.

"그게 네 능력이라고 생각해?"

하윤이가 쏘아보며 말했어요.

"그 지우개는 삼촌이 줬다고 했잖아. 그럼, 삼촌이 준 거면 삼촌 능력이네."

하윤이가 자리에 앉으며 말했어요.

'띠리리링, 띠리리링'

수업 시작을 알리는 종소리가 들렸어요. 아이들은 얼른 자기 자리를 찾아갔어요.

대승이도 자리에 앉았어요. 이때 앞문이 드르륵 열리며 선생님이 들어왔어요.

"이 시간에는 '고전으로 토론하기' 수업을 하기로 했지요. 자, 무슨 책으로 토론한다고 했는지, 말해 볼 사람!"

선생님 말씀이 떨어지기가 무섭게 대승이가 손을 번쩍 들었어요.

"저요!"

"항상 첫 번째로 손을 드는 대승이가 말해 봐요."

대승이는 싱글벙글 웃으며 말했어요.

"토끼와 거북이의 경주에 관해 토론하기로 했어요. 주제는 '토끼와 거북이의 경주는 공정한가'에 대한 거예요."

선생님은 흐뭇하게 웃으며 대승이를 향해 '엄지손'을 치켜올렸어요.

"주제도 정확하게 잘 말해 주었어요."

대승이는 토론 시간이 항상 즐거웠어요. 토론 수업에서는 자신의 의견을 마음껏 펼칠 수 있었지요.

선생님이 토론하는 방법을 알려 주었어요.

"각 모둠은 '공정하다'와 '공정하지 않다' 두 팀으로 나누고, 사회자를 뽑아 진행하세요."

대승이 팀은 대승이, 상현이, 기태, 미니, 하윤이까지 다섯 명이에요.

모둠 장을 맡은 하윤이가 말했어요.

"너희들, 자료는 다 준비해 왔어?"

상현이가 작은 목소리로 대답했어요.

"나는 준비 못 했는데. 물어볼 사람이 없어서. 아빠가 지방에서 일하시는데 이번 주에 오시지 않았어."

"준비가 안 됐으면 상현이가 사회를 보면 되겠네."

하윤이가 상현이에게 말했어요. 그리고 모둠 아이들에게 물었어요.

"토끼와 거북이의 경주가 공정하다고 생각하는 사람?"

기태와 대승이가 손들었어요.

"토끼와 거북이의 경주가 공정하지 않다고 생각하는 사람?"

하윤이와 미니가 손들었어요.

상현이가 머뭇거리며 말했어요.

"그런데…… 어떻게 해야 하지? 나는 진행을 어떻게 하는지 모르겠어."

"지난주에 배운 대로 하면 되지. 공책에 쓴 걸 읽어 봐."

하윤이가 친절하게 노트를 펼쳐 보여 줬어요. 상현이가 하윤이의 노트를 보고 읽기 시작했어요.

"지금부터 '토끼와 거북이의 경주는 공정한가? 공정하지 않은가?'에 대한 토론을 시작하겠습니다. 공정하다고 생각하시는 팀에서 먼저 의견을 주세요."

대승이가 먼저 손을 들고 의견을 말했어요.

"나는 공정한 시합이라고 생각합니다. 거북이가 하겠다고 동의한 시합이고, 같은 장소에서 똑같은 조건으로 하는 경주이니 당연히 공정하다고 생각합니다."

대승이는 자신 있게 말했어요.

"저는 공정하지 않다고 생각합니다. 아무리 같은 장소에서 똑같이 출발한다고 해도 거북이와 토끼는 달리기를 할 수 있는 조건이 다릅니다. 짧은 다리와 긴 다리로 같은 경기를 한다는 것 자체가 공정하지 않다고 생각합니다."

하윤이가 말했어요. 그러자 대승이는 하윤이의 의견에 반박했어요.

"토끼가 잘 달릴 수 있는 조건이라 해도 꼭 잘 달린다는 보장은 없습니다. 이야기 속의 토끼도 유혹에 빠져 거북이보다 늦게 도착하는 것처럼요. 어떤 조건인가보다 얼마나 열심히 노력하는가가 더 중요하다고 생각합니다."

대승이가 힘을 주고 말했어요.

"옳습니다. 세상에 똑같은 조건은 없습니다. 노력하기에 따라 달라지는 것이지요."

기태가 맞장구쳤어요.

"토끼는 노력하지 않아도 얻을 수 있는데 거북이는 죽도록 노력해도 토끼처럼 달릴 수 없습니다. 그런 조건 자체가 공정하지 않은 것입니다. 그런 조건을 무시하고 거북이만 열심히 노력하라고 말하는 것 자체가 공정하지 않습니다."

대승이가 머뭇거리는 사이에 미니가 말했어요.

"대승이 네가 거북이라면 억울하지 않겠니?"

순간 대승이는 할 말이 없었어요. '내가 만약 거북이라면?'이란 생각을 못 해 봤거든요.

"내가 만약 거북이라면 화는 나겠지만 열심히 노력해서 토끼를 이길 방법을 찾아낼 것입니다."

대승이는 능력을 키워 나간다면 무엇이든 될 수 있다고 생각했어요.

하윤이가 입을 삐죽거리며 대승이에게 말했어요.

"그런 생각을 하니 지우개 싸움이 공정하지 않다는 생각을 못 하지. 쯔쯔."

하윤이는 혀를 찼어요.

"나는 주어진 조건보다 노력하는 것이 더 중요하다고 생각해. 그렇게 배웠잖아."

대승이는 하윤이의 의견에 동의할 수 없었어요.

선생님이 교탁을 두드리며 말씀하셨어요.

"오늘 토론한 것을 사회자는 정리해서 제출해 주세요. 다음 주에 토론한 것을 발표하도록 해요."

대승이는 서둘러 가방을 챙겼어요. 오늘은 들소 수학 학원 수업이 있는 날이라 아주 바쁘거든요. 대승이는 사람들에게 실력을 인정받을 때 기뻤어요. 그래서 열심히 공부해야 한다고 생각했고요. 노력하는 사람이 1등을 하는 것은 당연한 결과라고 생각해요.

하윤이는 대승이가 지우개 시합에서 이긴 것은 실력이 아니라 큰 지우개 덕이라고 말했어요. 하지만 대승이는 받아들일 수 없었어요. 아무리 지우개가 커도 지우개 싸움을 잘하지 못한다면 이길 수 없으니까요.

하지만 하윤이가 한 말이 자꾸 귓가에 맴돌았어요.

'네가 거북이라면 억울하지 않겠어?'

대승이는 발소리를 쿵쿵 울리며 들소 학원으로 뛰어갔어요.

"얄미운 김하윤!"

공정한 분배란 무엇일까?

 VS

공정하게 나누는 것이 왜 중요할까?

큰 지우개를 가진 사람과 작은 지우개를 가진 사람이 시합할 때, 누가 지우개를 따기 쉬울까?

대승이처럼 큰 지우개를 가진 사람이 지우개를 딸 기회를 얻기 쉬울 것 같아요. 지우개 시합에 상금이 있다면 그 상금도 따기 쉽고요.

아무리 큰 지우개를 갖고 있어도 대승이처럼 잘하려고 노력하지 않으면, 지우개 시합에 나갈 기회도, 상금도 못 받지 않을까?

대승이가 시합에서 이긴 것이 대승이의 큰 지우개 덕분인지, 아니면 대승이의 노력 덕분인지, 어느 것이 더 큰 역할을 했는지에 따라 달라질 것 같아.

지우개 시합에서 상금을 타려면 큰 지우개도, 지우개 시합 기술도 필요하겠지. 문제는 이기는 것이 중요한 게 아니라, 누가 공정하게 그 대회에 나갈 기회와 상금을 얻는가 하는 거란다.

소쌤의 TIP

분배란?

물건을 만들거나 팔아서 생긴 이윤을 이 과정에 참여한 사람들에게 나누어 주는 일이란다. 공정한 분배는 각자에게 적절한 몫이 나누어지는 것을 말한단다.

소쌤의 인문 특강
부를 나누는 기준은 어떻게 변해 왔을까?

옛날에는 부를 어떻게 나누었을까?
부를 나누는 특별한 기준이 있었을까? 함께 생각해 보자.

아주 오랜 옛날에는 출생에 따라 부를 나누었단다.

오래전 중국이나 유럽에서는 임금과 신하가 땅을 나누어 가졌어. 농민은 이들의 지배를 받고 땅도 갖지 못했어. 당연히 땅이 많은 사람이 부를 독차지했지. 대부분 다른 나라에도 신분 제도가 있어서, 출생에 따라서 부자와 가난한 자로 나뉘었지.

하지만 세월이 흐르면서 점차 기준이 변했어.

대부분 신분 제도가 없어졌고, 누구나 자유롭게 물건을 만들어 사고팔면서 부를 쌓을 수 있는 자유 시장 사회가 되었지.

그럼 출생에 따라서 처음부터 부자와 가난한 자로 나뉘던 일은 없어졌을까?

그런데 자유 시장 사회에는 문제가 있었어. 자유롭다고 하지만 가난한 사람들은 교육의 기회도 얻을 수 없었단다. 출발선에서조차 누구나 평등하지 않았던 거야. 사람들은 자유 시장 사회보다 나은 사회를 만들기 위해서 다시 기준을 만들었어. 누구나 공평한 기회를 갖고 오로지 자신의 능력에 따라 자유롭게 부를 얻을 수 있는 능력 위주의 사회를 만들려고 했지.

그렇다면 능력 사회에서는 부를 공평하게 나눌 수 있었을까? 모두를 같은 출발선에 세운다는 능력 사회 역시 어느 가정에 태어나 성장했는지에 따라 소득이 다르게 분배되었어. 여전히 태어난 집안의 환경과 물려받은 재산, 능력에 따라 부와 소득의 분배가 이루어지고 있는 셈이지.

누가 주장이 되었을까?

 상현이는 일찍 집에서 나왔어요. 집에서 나오자마자 학교까지 씽씽 달려요. 축구공이 앞에 있다고 생각하면서 다리를 요리조리 움직여요. 골목길의 이쪽저쪽으로 왔다 갔다 하면서 손홍차 선수처럼 움직였어요. 상현이는 마치 가장 뛰어난 실력을 가진 국가 대표 선수인 손홍차 선수가 된 것 같아 몸이 점점 날렵해졌어요. 상현이는 달리고 달려 숨이 차도 달렸어요.
 상현이가 학교에 도착했을 때 운동장에는 친구들이 한 명도 없었어요. 상현이는 이 시간이 제일 좋아요. 학교 운동장이 두 팔 벌

려 '상현아! 어서 와.' 하고 부르는 것 같거든요.

  상현이는 학교 가방을 느티나무 아래 내려놓았어요. 그리고 나무 아래 숨겨 놓은 축구공을 꺼냈어요. 낡아서 코치님이 버리라고 한 축구공이에요. 축구공은 실밥이 터져 실이 너덜거려요. 상현이는 밤새 이슬에 젖은 축구공을 손으로 살살 문질러 닦아 냈어요.

  상현이가 공을 골대를 향해 뻥 찼어요. 그리고 공을 향해 달려가서는 다시 공을 걷어찼어요. 공은 빈 골대 한가운데에 보기 좋

게 꽂혔지요. 상현이는 한 팔로 하트 모양을 만들어 멋진 세리머니를 했어요. 상현이가 시합에서 꼭 해 보고 싶은 순간이지요.

상현이는 골대 안으로 굴러간 공을 주웠어요. 공에 묻은 모래를 하나하나 털어서 공을 다시 골대 가운데 놓았어요. 상현이는 골대 앞에 손홍차 선수가 서 있다고 상상하며 마주 섰어요.

손홍차 선수가 상현이에게 말해요.

'상현아, 마음껏 차! 여기는 네 세상이야.'

상현이는 힘껏 공을 차고 또 차면서 달렸어요. 누구의 눈치 볼 것 없이 공을 찰 수 있는 이 시간이 좋았어요.

상현이는 우연히 축구부에 들어가게 되었어요. 담임 선생님이 상현이가 달리기를 잘한다고 추천해 주셨거든요. 다른 아이들은 축구부에 들어가려고 개인 코치를 받았대요. **상현이는 한 번도 개인 코치를 받아 본 적이 없어요.** 그런데 상현이는 어린 시절부터 공을 찼던 것처럼 잘 찼어요.

상현이는 수학도 못 하고요, 영어는 더 못 해요. 그래서 학교가 싫었어요. 그런 상현이에게 축구는 자신감을 주었어요. 수학이나 영어는 열심히 하고 싶어도 어떻게 해야 하는지 몰랐어요. 하지만 축구는 공을 보고 열심히 뛰면 되고, 뛴 만큼 실력이 늘었지요.

상현이는 운동장으로 들어오는 대승이를 보고 반갑게 손을 흔들었어요.

"수학 숙제는 해 왔냐?"

대승이가 실내화 주머니를 빙빙 돌리며 말했어요.

"수학 숙제. 다 못 했어."

상현이는 금세 풀이 죽었어요. 어제 단원 평가 시험에서 50점을 받았어요. 틀린 문제를 풀어 오는 숙제가 있었거든요. 상현이는 수학 숙제를 안 한 게 아니라 못 한 거예요. 문제를 아무리 풀려 해도, 머리를 굴려 봐도 막힌 도로처럼 뚫리지를 않았어요. 결국 문제를 풀다 잠이 들었지요. 상현이가 머리를 긁적였어요.

"휴! 축구 하듯 수학 공부를 하면 백 점을 백 번은 받았겠다."

대승이가 혀를 차며 말했어요.

"히힛, 우리 엄마가 항상 하는 말인데."

상현이가 대승이에게 공을 던졌어요.

"나랑 조금만 연습하자."

"너랑 연습할 시간 없어. 나는 너랑 연습 안 해도 되고."

대승이가 상현이에게 공을 다시 던져 주었어요.

그때 또리또리또리링 하고 수업 시작종이 울렸어요.

상현이는 축구공을 느티나무 아래에 조심스럽게 묻어 두고 교실을 향해 뛰었어요. 상현이의 머릿속에는 수학 숙제가 들어올 자리가 없어요. 오늘 오후에 축구부 모임이 있거든요.

코치님이 다음 달 있을 시합에 나갈 선수와 주장을 뽑는다고 했어요. 상현이는 아직 시합에 뛰어 본 경험이 없어요. 상현이는 선

수로 뽑히고 주장도 되고 싶었어요.

상현이는 준수가 복도에서 친구들에게 하는 말을 들었어요.

"주장은 상현이가 되면 좋겠어. 주장은 팀원들 마음을 잘 알아주는 사람이 되어야 한다고 생각해."

상현이는 준수가 했던 말을 생각하며 슬며시 미소 지었어요. 수업 시간에도 온통 오후에 있는 축구부 생각뿐이었지요.

상현이는 수업이 끝나자마자 축구부로 향했어요.

운동장에는 벌써 대승이가 와서 몸을 풀고 있었어요. 상현이는 손을 흔들었어요. 수학 숙제를 못 해서 선생님에게 혼났지만 괜찮아요. 축구가 있으니까요. 지우개 따먹기에서 지우개를 모두 잃었어도 괜찮아요. 축구가 있으니까요.

"대승아! 축구화 새로 샀네."

"응, 이거 신제품이야. 손흥차 선수가 선전하는 거다?"

대승이가 발을 들어 축구화를 보여주며 으스댔어요.

"너도 사 달라고 해."

상현이는 축구화가 없어요. 대승이의 말에 상현이는 대답을 하지 못했어요. 상현이는 엄마에게 축구화를 사 달라고 했어요. 엄마는 축구화 사 줄 돈이 없다고 했어요. 축구화가 꼭 있어야 하나고 물어보셨지요. 상현이가 꼭 있어야 한다고 했더니 그러면 축구를 그만두라고 하셨어요. 그날 이후 상현이는 축구화 이야기를 다시는 하지 않아야겠다고 생각했어요.

　상현이는 대승이의 축구화를 꼼꼼하게 살펴봤어요.
"와! 멋지다. 스터드가 빛나네. 미끄러질 일이 없겠다."
상현이는 풀이 죽었어요.
대승이가 멋지게 폼을 재며 돌아서는 연습을 했어요.
"축구화가 없어도 난 꼭 축구 선수가 될 거야. 반드시."

상현이가 다리를 흔들며 랩으로 노래를 부르기 시작했어요.

상현이는 마음이 우울하거나 속상하면 노래를 불렀어요. 노래를 부르면 기분이 금세 좋아지거든요.

"엄마라는 거대한 산을 넘고 넘어 멋진 선수가 될 거야."

언제 왔는지 기태와 준수가 상현이 노래를 따라 하며 개다리 춤을 추었어요.

"손홍차 선수처럼 멋진 선수가 될 거야."

셋은 목소리를 높여 노래를 불렀어요. 아이들은 상현, 기태, 준수를 '개다리 삼총사'라고 불렀어요.

활기를 되찾은 상현이가 진지한 얼굴로 골대 앞에 섰어요.

"코치님이 오시기 전까지 함께 연습하자. 차 봐, 내가 모두 막아 낼 거야."

상현이는 자신 있었어요. 대승이가 가소롭다는 듯 픽 웃었어요. 대승이가 골대 중앙으로 힘껏 공을 돌려찼어요. 상현이는 공이 날아오는 쪽으로 몸을 날렸지요. 하지만 상현이의 예상과 다르게 공은 왼쪽 골대 끝으로 날아왔어요. 상현이는 공을 막아 내지 못하고 바닥에 대굴대굴 굴렀어요. 상현이 등 뒤로 먼지가 뽀얗게 피어올랐어요. 상현이가 웃으며 흙먼지를 털었어요.

"공도 못 막았는데 뭐가 좋아서 웃냐?"

대승이가 이해가 안 된다는 듯 물었어요.

"오늘은 못 막았어도 내일은 막을 수 있을 거니까."

상현이가 대답했어요.

공을 잡고 일어서며 상현이가 대승이에게 물었어요.

"그런데 어떻게 찬 거야? 어떻게 차야 공이 너처럼 휘어지니?"

대승이가 뻐기듯 대답했어요.

"흥, 알려줄 수 없지. 개인 코치님이 가르쳐 준 비밀의 무기니까."

상현이는 안타까웠어요. 대승이처럼 멋지게 차고 싶었어요. 열심히 연습해야겠다고 생각했지요. 상현이는 헐렁해진 운동화 끈을 다시 맸어요. 상현이의 운동화는 낡아서 끈이 쉽게 풀어져요.

"나는 공을 찰 때가 제일 좋아. 그냥 좋아. 공을 따라 달릴 때는 축구공이 세상에서 제일 친한 친구라는 생각이 들고."

상현이는 끈을 묶으며 계속 말했어요.

"공도 나를 정말 좋아하는 것 같아서 더 좋고, 공을 넣었을 때는 내가 세상에서 최고인 것 같아. 공을 막아 냈을 때는 내가 제일 멋진 사람이 된 것 같거든. 옛날에 나라에 쳐들어온 적을 장군들이

막아 냈을 때 이런 기분이었을까? 너도 수학 백 점 맞았을 때 이런 기분이 드니?"

상현이는 정말 궁금했어요. 대승이가 순간 머뭇거렸어요.

"나는 수학 학원을 세 개나 다녀. 수학 잘하는 아이들만 다니는 들소 학원이랑 창의력 수학, 그리고 이건 비밀인데 들소 학원에서 배울 것을 미리 가르쳐 주는 개인 수학."

"와! 수학을 세 개나 해? 그래서 네가 수학을 잘하는구나."

상현이는 대승이의 말이 놀라웠어요.

"그런데 네가 축구를 좋아하듯이 좋아서 하는 건 아니야. 엄마가 하라고 하니까 하는 거고. 그리고 난 백 점을 받고 싶어서 열심히 해."

"그러니까 백 점 받았을 때 기분이 내가 공을 넣었을 때랑 비슷한 거지?"

대승이가 다시 머뭇거리며 생각했어요.

"비슷하겠지. 아마도."

그때 호루라기 소리가 들렸어요. 코치님이 아이들을 부르는 소리였어요. 상현이와 대승이는 코치님 앞으로 뛰어갔어요.

"오늘은 다음 달 시합에 참가할 선수와 이 팀을 이끌어 갈 주장을 뽑을 거예요. 모두들 열심히 뛰어 자신의 실력을 모두 보여줄 수 있도록 하세요."

"네!"

상현이는 코치님의 말에 목청껏 대답했어요.

코치님은 아이들을 두 팀으로 나눴어요. 상현이, 준수, 기태는 A팀이 되었고요. 대승이, 필승이, 성인이는 B팀이 되었어요.

아이들은 같은 팀끼리 모였어요. 상현이는 팀 아이들을 쓰윽 살펴봤어요.

"공격에 강한 기태가 있고, 수비를 잘하는 준수가 있으니 우리 팀은 든든하네."

상현이가 준수의 어깨를 두드리며 말했어요.

"네가 공격은 더 잘하지. 발이 빠르니까."

준수의 말에 상현이가 말했어요.

"나는 발은 빠르지만, 너처럼 순발력이 좋지는 않잖아."

준수가 기분이 좋은 듯 웃으며 상현이를 쳐다봤어요.

상현이는 대승이 팀을 쳐다봤어요. 대승이는 벌써 몸을 풀고 있었어요.

"오늘은 연습을 두 번으로 나눠서 한다. 첫 번째 연습은 A팀 공격수 상현, B팀 공격수 대승이, A팀 수비수 준수, B팀 수비수는 필승……."

상현이는 공격수에 자신이 없었어요. 대승이는 자신만만해 보였지요. 준수가 대승이의 공을 빼앗다 발에 걸려 넘어졌어요. 상현이가 달려가 준수의 손을 잡아 주었어요.

"괜찮아."

준수가 옷을 털고 다시 뛰었어요.

헤딩을 하던 기태가 대승이 머리와 부딪혔어요. 머리에 혹이 하나 생겼고요. 상현이가 달려가 기태를 의자로 데려다주었어요.

"고마워."

기태의 말에 상현이가 웃으며 다시 뛰어갔어요.

대승이는 두 골이나 넣었어요. 대승이는 골대 앞까지 혼자 공을 끌고 가 슛을 했어요. 대승이 팀 아이들은 패스해 주기를 기다렸지만, 대승이는 패스하지 않고 두 골 모두 단독 골을 넣었어요. 상

현이 팀 아이들은 대승이의 공격을 막아 내느라 애를 먹었어요.

　상현이는 발은 빨랐지만 공격하는 힘이 약했어요. 골대 앞까지 끝까지 파고들어야 하는데 자꾸 멈칫거렸어요. 공을 몰고 달리다 주변에 누가 있나 살피다 공을 놓쳐 버렸지요. 상현이는 머뭇거리는 자신이 이해되지 않았어요. 골대 앞에 가면 겁이 났어요. 그래서 다른 친구에게 패스하고 싶어졌고요. 결국 상현이는 한 골도 넣지 못했어요.

　두 번째 경기에서 상현이는 수비수가 되었어요. 대승이도 수비를 맡았고요. 상현이는 악착같이 달려 공격을 막았어요. 상현이의 철벽 방어에 상대 팀 아이들도 질려 공을 놓쳤지요.

　상현이는 공을 막아 낸 것이 기뻤어요. 대승이처럼 공을 넣지도 못했고, 이기지도 못했지만, 자신의 몫을 해낸 것이 기분 좋았어요. 온몸이 넘어지고 까여 아팠지만 참을 수 있었어요.

　오늘은 엄마까지 운동장에 나와 지켜봐 주었어요. 상현이는 엄마에게 인정받고 싶었어요. 하지만 바쁜 엄마는 시합이 끝나기 전에 가셨어요.

　코치님의 호루라기 소리에 아이들이 무거운 다리를 이끌고 모였어요.

"모두 수고했다. 열심히 뛰는 모습을 보니 다음 시합을 기대해 봐도 되겠다. 지금부터 다음 시합에 뛸 선수를 호명하겠다."

"김대승, 나상현, 김필승, 이준수, 김성인, 박기태……. 이상 11명이다. 주장은 김대승이 맡는다. 주장 대승이는 나를 따라오고, 너희는 여기에서 기다려라."

상현이는 코치님을 따라가는 대승이를 보며 아쉬운 마음이 들었어요. 상현이의 마음을 알아차린 준수가 상현이를 위로해 줬어요.

"상현아! 속상하지. 코치님은 왜 대승이를 주장으로 뽑았을까? 내가 코치라면 너를 주장으로 뽑았을 거야."

"대승이는 실력이 뛰어나잖아. 나는 아무리 연습해도 대승이처럼 공을 찰 수 없더라고."

상현이는 어젯밤에도 늦도록 골목길 담에서 공을 차는 연습을 했어요. 하지만 시합에서 대승이처럼 공을 넣을 수가 없었어요.

"**대승이가 공을 잘 차는 것은 대승이 개인 코치님이 전직 국가 대표 선수였기 때문이야.** 걔는 일주일에 두 번씩 개인 코치님에게 배우고 있으니까 그렇지."

준수가 볼멘소리로 말했어요.

준수의 말을 들은 대승이가 큰 소리로 말했어요.

"개인 코치 받는 게 어때서. 개인 코치를 받고 실력이 늘어 골을 잘 넣으면 좋은 거지. 한 골도 넣지 못하는 상현이가 문제지, 골을 잘 넣는 내가 문제냐? 내가 주장이 되면 왜 안 되는데? 실력 있는 사람이 주장이 되는 것은 당연한 거 아니야."

대승이가 씩씩거리며 말하자 아이들은 아무런 대꾸도 못 했어요. 멀리서 코치님이 대승이를 불렀어요. 코치님은 앞으로 할 연습 시간표와 아이들 출석 체크 명부를 건네 주었어요.

대승이가 목소리를 가다듬고 말했어요.

"다음 달에 있을 시합에 열심히 뛰어서 이기자."

아이들은 대승이 말에 시큰둥한 반응이었어요.

"오늘은 아빠가 치킨을 한턱낸다고 하셨어. 꼬까네 집에 예약해 놓으셨다고 해."

"와— 정말?"

시큰둥하던 아이들은 언제 그랬냐는 듯이 대승이의 말에 좋아하며 따라갔어요. 준수가 상현이의 눈치를 보며 손을 잡았어요. 준수를 따라가는 상현이의 발걸음은 무거웠어요. 이제는 정말로 엄마가 축구를 그만두게 할지도 모른다는 불안감 때문이에요.

기회는 모두에게 고루 분배될까?

대승이가 주장이 된 것은 공정할까?

왜 대승이가 주장이 되었을까? 축구 부원들은 상현이를 더 따르는데 말이야.

대승이가 축구를 더 잘하니까 코치님이 대승이를 주장으로 뽑으셨겠지.

난 축구부 주장이 되고 싶지는 않지만, 주장을 맡으려면 부원들이 주장 자격이 있다고 인정해 주어야 한다고 생각해.

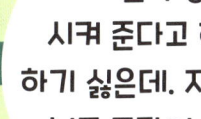
나는 주장 시켜 준다고 해도 하기 싫은데. 지혜야, 너도 주장이 되고 싶니?

가장 잘하는 사람만 주장을 하는 것은 아닌데 말이야. 투표로 했다면 열심히 노력한 상현이가 주장이 됐을 거라고 생각해.

지혜 네 생각엔 코치님이 대승이에게 주장을 시키신 게 뭔가 마땅치 않은가 보구나.

축부 부원들이 이해할 수 있는 결정이 되었더라면 하는 아쉬움은 남는 것 같아.

축구팀의 주장이 만장일치로 뽑힐 수는 없지만, 적어도 주장이 될 기회를 얻는 과정은 공평해야 하겠지?

소쌤의 TIP

노력이란?

목적을 이루기 위해 몸과 마음을 다하여 애쓰는 것을 '노력'이라고 해. 공부도, 운동도 잘하려면 노력이 필요하지. 노력이 없으면 아무런 변화도 일어나지 않는단다.

소쌤의 철학특강

존 롤스가 말하는 공정한 분배란?

오늘날 우리 사회는 가정환경이나 교육에 따라서 부와 기회를 공평하게 얻지 못하는 게 사실이야. 이러한 사회에서 우리는 어떻게 분배의 정의를 이룰 수 있을까? 존 롤스가 말하는 공정한 분배에 대해 함께 살펴보자.

모두를 동일한 출발선에 세우고 달리기 경주를 하면 누가 이길까? 당연히 제일 발이 빠른 선수가 이기겠지? 그런데 빨리 달리는 운동 능력을 타고난 것이 그가 한 일일까?

미국의 철학자 존 롤스(1921~2002)는 그렇지 않다고 말해. 존 롤스는 분배, 즉 무언가를 나눈다는 것에는 눈에 보이는 재산도 있지만 눈에 보이지 않는 기회와 같은 것도 있다고 말했어. 재산 분배, 기회 분배, 이런 말들은 롤스의 생각을 잘 담아낸 말이야. 기회를 분배한다는 것이 이상하게 들릴 수도 있지만, 롤스는 기회도 누구에게나 골고루 돌아가야 한다고 보았지.

 롤스는 이러한 분배에서 지켜야 할 두 가지 중요한 점을 말해 주었어.

제1원칙
'평등한 자유의 원칙'
모두에게 평등하게 기본적인 자유를 보장해야 한다.

제2원칙
'차등의 원칙'
차이를 두는 게 공정하다.

성, 나이, 계층, 국가 등에서 더 약한 쪽에 좀 더 이익이 돌아가도록 해야 전체적으로 더 평등해진다는 것이지.

특히 롤스는 능력주의의 불공평함을 없애는 방법으로 '차등의 원칙'이 있어야 한다고 말했어. 재능 있는 사람이 재능을 발휘하여 부를 가져갈 때는 어떤 자격 조건을 주는 것이지. 예를 들어 백만장자인 빌 게이츠가 세금으로 일부를 내서 재능이 없는 사람들을 돕게 하는 거야. 물론 모두가 존 롤스의 생각에 찬성하지는 않았어. 노력한 것조차 세금으로 더 내라고 하면 누가 일을 열심히 하겠냐고 반대하는 사람도 있었지. 과연 존 롤스는 어떻게 대답했을까?

노력하고 도전하겠다는 사람들의 의지는 그가 얼마나 좋은 가정에서 자랐는가에 따라 크게 달라집니다. 결국 그 의지는 사람이 노력해서 가진 게 아니라고 할 수 있습니다.

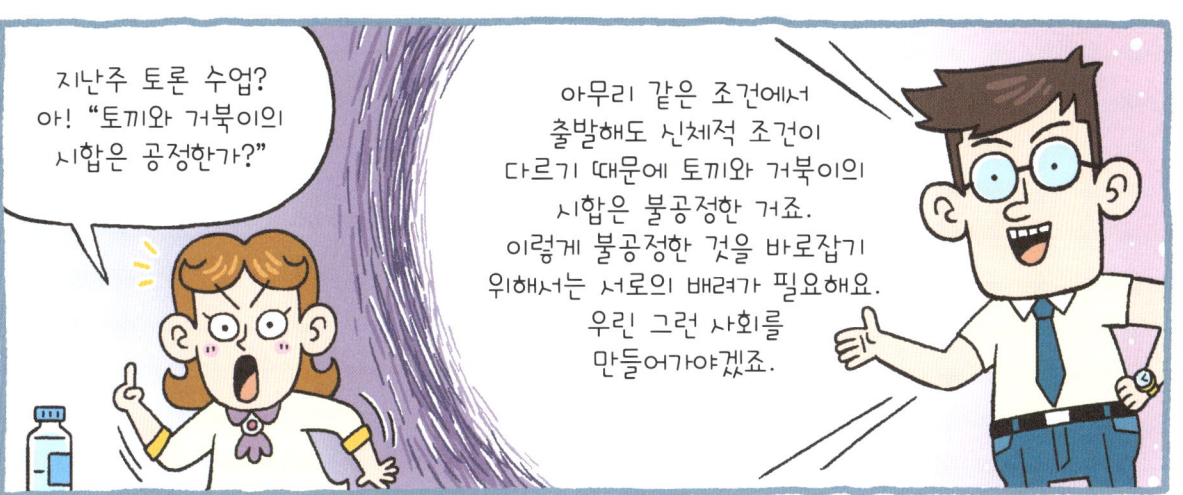

대승이의 축구 레슨

 상현이가 일주일째 축구부에 나오지 않고 있어요. 친구들은 상현이가 걱정되어 축구도 잘 안 되었어요. 파이팅 넘치던 상현이가 없어 힘이 쭉쭉 빠졌지요. 아이들이 다투거나 문제가 생길 때마다 상현이의 도움으로 팀을 이끌어 오던 대승이도 점점 힘들어졌어요. 시합도 얼마 남지 않아서 대승이는 상현이 집에 찾아가야겠다고 마음먹었어요.

 좁은 골목으로 올라가는 계단이 피아노 건반처럼 펼쳐져 있었어요. 대승이는 자신이 사는 동네에 이런 골목길이 있다는 사실이 놀라웠어요. 계단과 계단으로 이어진 골목은 등산하는 것처럼 힘이 들었어요. 계단을 오르는 대승이의 다리가 무거워지기 시작할 무렵, 어디선가 '펑' 하고 벽에 부딪히는 소리가 들렸어요. 놀란 대

승이는 소리가 나는 곳으로 발길을 돌렸어요. 계단 끝자락에 닿으니 작은 공터가 나타났어요.

'상현이가 왜 저기 있지?'

상현이가 벽을 향해 공을 차고 있었어요. 벽 앞에는 벽돌을 두 개씩 쌓아 골대를 표시해 놓았어요. 상현이가 공을 찰 때마다 다섯 살쯤 보이는 여자아이가 손뼉을 치며 소리를 질렀어요.

"상현 오빠 잘한다!"

여자아이가 팔딱팔딱 뛰면서 손뼉을 치자 상현이도 기분이 좋은 듯이 웃었어요.

상현이는 공을 가운데에 놓고 진지한 얼굴로 다시 공을 찼어요. 공을 찰 때 상현이는 몸을 살짝 비틀었어요. 대승이는 상현이가 공을 그렇게 차는 이유를 알 수 있을 것 같았어요. 대승이가 차는 공이 휘어질 때마다 상현이도 해보고 싶어 했거든요. 대승이는 그런 상현이의 마음을 알면서 가르쳐 주지는

이얏!

뻥!

않았죠. 개인 코치님께 배운 기술이었고, 다른 친구에게는 알려 주고 싶지 않았거든요.

 대승이는 상현이가 공 차는 모습을 뒤에서 말없이 지켜보았어요. 상현이는 몸을 비틀어 공을 있는 힘껏 찼지만, 공은 휘어지지 않고 그대로 골대를 향했어요. 벽에 부딪힌 공이 데굴데굴 굴러 대승이 발아래로 굴러왔어요. 공을 따라 달려오던 상현이가 대승이를 보고 멈춰 섰어요.

 대승이가 상현이의 공을 잡았어요.

 "그런 자세로는 백 번 차도 공이 휘어지지 않아."

 대승이가 공을 들고 골대 앞으로 갔어요. 그리고 힘껏 몸을 틀어 공의 모서리를 찼어요. 공이 길게 휘어져 골대 안으로 박혔어요.

 여자아이가 소리를 질렀어요.

 "와~ 멋지다!"

여자아이의 환호에 대승이는 멋쩍었어요.

"내 동생 서우야."

상현이가 동생을 소개해 줬어요.

"안녕! 서우야."

상현이 동생은 동그란 눈으로 대승이를 보고 웃었어요.

"오빠! 공이 뻥 하고 날아갔어."

대승이가 웃으며 머리를 긁적거렸어요.

"나도 너랑 똑같이 차는 것 같은데 나는 왜 안 될까?"

"잘 봐. 공을 찰 때 공의 옆구리를 차야 해. 공의 중앙을 힘껏 차지 말고. 너는 몸만 꺾잖아. 몸은 공의 옆구리를 차기 위해 꺾는데 너는 몸만 꺾으니까 안 되는 거야."

대승이가 다시 한번 시범을 보여주었어요.

"이제 네가 차 봐."

상현이는 대승이가 알려준 방법으로 공을 찼어요. 직선으로 날아가던 공이 휘어졌어요.

"정말 네 말대로 하니까 휘어지네. 신기하다. 그렇게 연습해도 안 되더니. 그런데 네가 우리 동네에 왜 왔어? 너는 이 동네 안 살잖아."

대승이가 머뭇거리며 말했어요.

"그냥, 뭐. 놀러 왔지."

"이 동네 친구 있어?"

"여기도 서래동이고, 내가 사는 아파트도 서래동이니까 같은 동네인데 왜 자꾸 동네가 다른 것처럼 말해?"

"같은 서래동이지만 여기랑 네 아파트 단지랑은 다른 동네처럼 느껴져서."

사실 서래동은 학교를 중심으로 나누어져요. 대승이가 사는 산 아래 아파트 단지와 상현이가 살고 있는 산 윗동네로요. 어른들도 두 곳을 다른 동네처럼 말하곤 했어요. 하지만 아파트가 들어서기 전에는 똑같은 모습이었지요.

"누구 만나려고 왔니?"

"그게, 너 만나려고 왔어."

"나를?"

상현이가 놀라 물었어요. 평소에 친한 것도 아니고, 은근히 상현이를 무시해 오던 대승이었으니까요.

"네가 축구부에 안 나오니까. 아이들이 힘 빠진 호날두처럼 뛰어서 경기가 엉망이야."

대승이의 농담에 상현이가 픽 웃었어요.

대승이는 상현이가 있든 없든 상관없다고 생각했어요. 하지만 아이들은 점점 바람 빠진 축구공이 되었어요. 처음에는 그런 아이들의 태도가 이해가 가지 않았어요. 하지만 하루하루 지나면서 대승이도 상현이의 쾌활한 목소리가 그리워지기 시작했어요. '멋지다!' 하며 감탄하고 파이팅을 해 주던 상현이의 모습이 보이지 않자 허전했어요. 그동안 상현이가 운동장에 기운을 불어넣어 주고 있다는 것을 대승이도 깨닫게 되었지요. 아이들이 애타게 기다리는 것은 공을 잘 차는 상현이가 아니라 상현이 자체였던 거예요.

"왜? 시합도 얼마 안 남았는데. 애들이 왜 그래?"

"그러니까. 네가 있을 때는 몰랐는데 말이야."

대승이는 상현이를 만나면 꼭 하고 싶었던 말을 했어요.

"항상 너는 애들에게 힘을 주었잖아. 사실 주장이 그런 역할을 해야 하는데. 솔직히 나는 혼자서 뭐든 하려고 했고, 아이들 말을 들어 준 적이 없었던 거 같아."

상현이의 눈이 휘둥그레졌어요. 대승이가 하는 말에 깜짝 놀란 표정이었어요.

"있지, 애들이 나를 믿어 주려고 하지를 않아. 너한테 공도 못

찬다고 한 말도 사과할게. 미안하다!"

대승이는 손가락을 꼼지락거리며 말을 이어 갔어요.

"지우개 게임도 내 지우개가 컸으니까 이긴 거지. 만약 지우개가 모두 똑같은 크기였다면 이기지 못했을 거 같아. 축구를 잘하는 이유도 개인 코치를 받고 있기 때문이잖아. 하지만 너는 혼자 연습하고 있으니까, 나보다 못 하는 것이 당연하다고 생각해. 이건 준수 말처럼 불공평해. 하지만 지금은 내가 주장이니까, 내 말을 따라 주어야 한다고 생각해."

대승이는 상현이에게 마음에 있는 말을 솔직하게 다 하자, 속이 시원했어요.

"너, 진짜 대승이 맞아?"

상현이가 어리둥절한 듯이 물었어요.

"우리 팀에 네가 필요하다고. 그래서 주장인 내가 찾아온 거야!"

상현이는 대승이가 진짜 주장이란 생각이 들었어요.

대승이의 말을 들으니 상현이는 축구부에 너무 가고 싶어졌어요. 하지만 상현이는 고개를 가로저었어요.

"나도 축구부에 너무 가고 싶은데, 너희들처럼 공을 잘 차지 못하잖아. 갈수록 아이들은 실력이 느는데 나는 항상 그 자리에 있는 거 같아."

"그래서 주장인 내가 너를 도와야 한다고 생각해."

대승이는 뭔가 결심을 한 듯 말했어요.

상현이는 대승이의 말을 듣고 한숨을 쉬었어요.

"나는 당분간은 갈 수가 없어. 그래서 이번 시합에는 참여하지 못할 거 같아."

"왜? 왜 못 오는데?"

"엄마가 오후에 식당에 나가서 일하셔야 하는데, 동생을 돌봐 줄 사람이 없어서 동생을 봐야 해."

"그동안은 동생을 누가 봤는데?"

"지금까지는 엄마가 집에서 일하셨어. 그런데 이제는 그렇게 할 수 없게 되었대."

"그럼 앞으로도 계속 동생을 돌봐야 해?"

"아니, 그건 아니고. 한 달 동안만 하면 돼. 한 달 후에는 돌봄 센터에 맡길 수가 있대. 돌봄 차례가 되려면 한 달이 남아 있어서."

"한 달 후면 시합이 있는데……."

대승이가 난감한 듯 말했어요.

"오빠, 그만 집에 가자. 배고파."

서우가 집에 가자고 보채기 시작했어요.

"대승아 고마워. 이제 집에 가 봐야 할 것 같아. 미안한데, 난 이번 시합에는 뛰지 못할 것 같아."

대승이는 순간 떠오르는 생각이 있었어요.

"서우를 데리고 운동장에 오면 되잖아."

"서우를?"

"응, 간식 담당 엄마들도 나오시니까. 엄마들이 서우를 돌봐 주면 되잖아."

"코치님이 허락해 주실까? 엄마에게 허락도 받아야 하고."

"너는 엄마에게 허락을 받아. 나는 코치님께 허락을 받을게."

"하지만 나는 일주일이나 쉬었잖아. 그러잖아도 실력이 좋지 않은데. 나 때문에 지면 어떻게 해?"

대승이는 상현을 돕고 싶은데 방법이 떠오르지 않았어요. 대승이가 한숨을 푹 쉬었어요.

그러다 시계를 본 대승이는 당황했어요.

"에구, 수학 학원 늦었다. 큰일 났다. 서우야! 안녕. 상현아, 내일 학교에서 보자."

대승이는 껑충껑충 뛰어 내려갔어요. 대승이가 내려가다 말고 다시 헉헉거리며 올라왔어요.

"상현아! 내가 수학 학원에 가기 전에 한 시간 정도 자유 시간이 있어. 그때 여기에 올 수 있어. 내가 개인 코치님에게 배운 것들을 너에게 가르쳐주고 싶어. 너만 좋다면."

상현이가 놀란 눈으로 대승이를 쳐다봤어요.

"코치님처럼 잘 가르칠 수는 없겠지만, 코치님이 나

에게 알려 주시는 것을 너에게 전달해 줄 수는 있어."

"정말? 나야 좋지만."

"알았어. 내일 이 시간에 다시 올게."

대승이가 손을 흔들며 계단을 뛰어 내려갔어요.

상현이는 이번 시합에 뛸 수 있다고 생각하니 하늘을 날 듯이 기뻤어요.

수학 학원에서 돌아온 대승이는 축구부 단체 톡에 글을 올렸어요.

8시에 놀이터에 준수, 기태, 성인이, 하준이가 모였어요.

"상현이가 축구를 못 하는 이유는 동생을 돌봐야 하기 때문이래. 돌봄 차례가 올 때까지 동생을 돌봐야 한다고 해. 너희도 상현이랑 함께하고 싶지?"

"당연하지. 상현이가 없으니까 공 차는 것도 재미없고 힘들기만 해."

준수가 툴툴거리며 말했어요.

준수가 공을 차면 상현이는 항상 잘한다고, 폼이 멋지다고 칭찬해 줬거든요. 칭찬이 인색한 엄마보다 멋지다고 말해 주는 상현이가 더 좋았어요. 사실 운동을 싫어하는 준수는 축구를 억지로 하고 있었거든요.

"한 달 동안만 동생을 돌보면 된대. 그래서 상현이에게 연습할 때 동생을 데리고 오라고 했어. 엄마들이 간식 때문에 항상 돌아가면서 오시잖아. 엄마들이 상현이 동생을 돌봐 주면 되지 않을까? 너희도 집에 가서 엄마한테 부탁해 봐. 나도 오늘 엄마한테 말할 거야."

아이들은 반드시 엄마들의 허락을 받아 내자고 하며 헤어졌어요.

대승이는 저녁 먹은 식탁을 정리하는 엄마의 눈치를 보았어요.

"엄마, 나 엄마한테 부탁할 일이 있어."

"뭔데?"

"엄마가 내일부터 일주일 동안 축구부 간식 담당이지?"

"그런데 왜? 특별식 부탁하려고? 그렇지 않아도 네가 주장이라 좀 더 신경을 써야 할 것 같아서 뭘 할까 고민 중이었어."

"아니. 그건 아니고. 엄마 간식 가지고 운동장에 나오면 상현이 동생을 좀 봐 줄 수 있어?"

"상현이 동생을 왜?"

엄마가 이해할 수 없다는 듯 물었어요.

대승이는 상현이의 사정을 모두 이야기했어요. 물론 그동안 있었던 일도 함께 이야기했지요. 팀 아이들이 상현이를 좋아하고 자신을 싫어하는 것도요. 주장인 자신의 말보다는 상현이의 말을 더 믿는 것도요. 그래서 상현이가 꼭 필요하다고요.

대승이의 이야기를 모두 들은 엄마는 진지한 얼굴로 물었어요.

"대승아! 친구들이 왜 너를 싫어하는 것 같니?"

대승이는 고개를 숙였어요.

"대승아, 엄마를 쳐다보고 말해야지. 말을 할 때는 상대방을 보고 말해야 너의 의견이 잘 전달되는 거야."

대승이는 고개를 들고 말하기 시작했어요.

"나는 상현이가 공부도 못 하고 애들이랑 장난만 치는 한심한 애라고 생각했어. 그래서 상현이를 무시하고 함부로 대했어. 애들이 왜 내 말보다 공부도 못 하는 상현이 말을 더 잘 듣는지 이해가 안 됐어. 아이들이 상현이를 좋아하니까 나는 상현이를 점점 더 미워했던 거 같아. 사실 나도 상현이가 좋았는데."

대승이가 손가락을 꼼지락거리며 엄마를 쳐다봤어요. 엄마가 뭐라고 할지 가슴이 두근거렸어요.

　　엄마가 그런 대승이의 손을 감싸 주었어요.

　　"그런데 지금은 왜 마음이 바뀌었어?"

　　"상현이가 막상 우리 팀에서 빠지고 나니까 허전했어. 상현이는 항상 넘어진 아이를 일으켜 주고, 싸운 아이를 말리고, 시합에 진 아이에겐 용기를 주었거든. 난 그런 상현이를 줏대도 없는 애라고 생각하고 비웃었어. 그런데 상현이가 빠지고 나니까 상현이가 있

었으면 좋겠다는 생각이 저절로 들더라고. 애들도 상현이를 기다리고 있고. 내가 주장이니까 팀원이 원하는 것을 해 줘야 한다는 생각이 들었어."

"그래서 상현이를 찾아가 사과를 했다고?"

"응. 상현이가 축구부에 나오지 못하는 이유가 동생을 돌봐야 하기 때문이래. 엄마가 상현이 동생을 봐 주면 안 돼? 어차피 간식 당번 때문에 오잖아."

대승이가 간절한 눈으로 엄마를 쳐다봤어요.

대승이 엄마는 대승이의 이기적인 모습이 늘 걱정이었어요. 혼자 자라 양보할 이유도, 기회도 없이 자란 대승이는 항상 자신이 제일 먼저 해야 하고, 다른 아이들보다 칭찬도 더 많이 받아야 만족했거든요. 자신이 잘못해도 사과할 줄 모르는 고집 때문에 혼을 내도 고쳐지지 않았고요. 그런 대승이가 상현이를 찾아가 사과를 했다는 것이 기특했어요.

"대승이가 이렇게 간절하게 부탁하는데 당연히 해 줘야지."

"정말? 야호! 신난다. 내일 당장 상현이한테 말할게. 그리고 엄마, 코치님한테 배운 것 상현이한테 가르쳐줘도 되지? 상현이는 개인 코치를 받지 못해서 돌려차기를 못 하고 연습하는 방법 같은 것도 모르거든. 내가 배운 대로 가르쳐 주고 싶어. 수학 학원 가기 전에 시간이 있으니까."

"그러면 수학 숙제는 언제 하려고? 그건 좀 곤란한데."

"수학 숙제는 내가 저녁에 모두 하고 자면 되잖아."

"대승이가 약속만 잘 지키면 엄마는 괜찮아!"

대승이는 기뻐서 엄마를 꼭 껴안았어요.

"엄마, 정말 고마워!"

기회가 공평하지 않을 때 어떻게 해야 할까?

기회를 똑같이 나눌 수는 없을까?

그런데 대승이도 자신의 노력으로 축구를 잘하게 된 거잖아. 상현이한테 자신의 축구 기술을 아낌없이 가르쳐 주려는 게 솔직히 이해가 되진 않았어. 그럼 상현이는 공짜로 대승이의 기술을 나누어 받는 건데 그것도 공정해 보이지는 않는데?

축구 과외를 받지 못하고 동생까지 돌봐야 했던 상현이처럼 기회가 아예 주어지지 않는 사람들도 있겠어요.

대승이가 축구를 잘 하게 된 데에는 개인 코치를 받은 영향도 있었잖아. 그러니까 대승이와 상현이의 경쟁은 처음부터 공정하게 이루어진 게 아닌 것 같은데.

공정한 분배란 각자에게 적절한 몫이 나누어지는 것을 말한단다. 그러려면 기회도 공평하게 주어져야겠지. 가진 게 많지 않은 사람들이 자신의 노력만으로 성과를 낼 수 있을까? 노력으로 안 되는 경우엔 덜 가진 이들을 먼저 배려해서 기회를 주어야 하지 않겠니?

그냥 기회도 똑같이 나눌 수는 없을까? 골치 아프게 생각하지 말고.

소쌤의 TIP

공정이란?
사람들에게 각자의 몫을 분배할 때, 자신의 노력이나 필요에 따라 적절한 기회가 주어지는 것을 말한단다.

소쌤의 창의특강

에스키모인들은 고래를 잡으면 어떻게 나눌까?

에스키모 마을에는 우리와는 다른 분배 전통이 있는 사람들이 있어. 에스키모 마을의 분배 전통에 대해 함께 살펴보자.

에스키모 마을 사람들은 고래를 잡으면 고래를 잡은 사람만 갖는 게 아니라 마을 사람들과 공평하게 나눈다고 해. 심지어 이들은 마을 근처에 사는 북극곰에게도 고래 고기를 나눠 준단다. 에스키모인들이 사는 추운 북극처럼 먹을 것을 구하기 어려운 환경에서는 누구나 배고픈 상황에 처할 수 있거든. 에스키모 마을에서 고래를 잡은 사람은 자신의 능력 때문만이 아니라 마을 사람들과 자연환경의 도움, 거기에 행운까지 겹친 덕분이라고 생각해서 자기 몫을 나누어 주지.

보통 우리 사회에서 '내'가 일해서 돈을 받으면 나나 내 가족을 위해서 쓰는 것과는 매우 다르지?

만일 여러분이 에스키모 마을의 선장이고, 어느 날 운이 좋아서 고래를 한 마리 잡았다고 상상해 보세요. 마을 사람들이나 북극곰과 나누고 싶을까요? 아니면, '내'가 노력해서 고래를 잡았으니 '내'가 모두 갖고 싶을까요?

 나 혼자 가질 것이다.

왜냐하면 _____

_____

_____

 내가 좀 더 많이 갖고 나머지를 마을 사람들이나 북극곰과 나눌 것이다.

왜냐하면 _____

_____

_____

 마을 사람들, 북극곰과 내 몫을 똑같이 나눌 것이다.

왜냐하면 _____

_____

_____

공정한 세상이 되려면?

대승이는 날마다 학교 수업이 끝나면 상현이네 집으로 갔어요.

"축구는 체력이 좋아야 한다고 했어. 힘도 좋아야 하고, 달리기도 빨라야 하고, 민첩하기도 해야 한대. 그래서 나도 코치님이랑 연습하기 전에 운동장을 열 바퀴씩 뛰어. 윗몸 일으키기 100개씩, 순발력을 기르는 연습도 해."

대승이의 말을 듣는 상현이의 눈이 점점 커졌어요.

"우리도 함께 하나씩 해보자. 내가 계단을 오르다 생각한 건데, 계단 오르기는 다리 힘을 기르는 좋은 운동인 거 같아. 동네를 세 바퀴만 돌아도 꽤 운동이 될 거야. 달리기는 이것으로 하면 될 듯해."

"아~ 알았어. 네가 달리기 잘하는 이유가 있었구나."

대승이는 상현이에게 자신이 코치님에게 배운 것을 하나씩 가르쳐주었어요.
"야! 너희 둘만 여기서 뭐 하냐?"
준수가 숨을 헐떡이며 다가왔어요.
"와! 여기 좋다. 나무도 많고, 우리 동네가 한눈에 모두 보이네."
준수가 숨을 고르며 말했어요.
대승이가 당황한 듯 준수를 쳐다봤어요.
"어떻게 알고 왔냐고? 너희 엄마가 알려 주셨어."
"날마다 여기서 연습한 거야? 너희 둘이서만."
준수가 눈을 갸름하게 뜨고 두 사람을 쳐다봤어요.
"그게, 그러니까 그렇게 됐어."

대승이가 얼버무리자 상현이가 나서서 말했어요.

"대승이가 나를 도와주고 있어."

상현이가 웃으며 말했어요.

"나도 끼워 줘야지! 함께하자."

준수의 말에 대승이가 말했어요.

"좋지. 우리 계단 뛰기 할 건데, 계단 끝까지 누가 제일 먼저 올라가나 시합해 볼까?"

대승이의 말에 상현이와 준수가 동시에 뛰기 시작했어요.

다음 날은 기태가 합류하고, 그다음 날에는 성인이가 왔어요. 그렇게 아이들은 날마다 상현이네 집에 모여 연습을 했어요. 그때마다 서우는 옆에서 오빠들을 응원했지요. 아이들은 서우를 위한 간식을 챙겨오는 것도 잊지 않았어요. 처음에는 못마땅해하던 엄마들도 아이들의 마음을 이해한 후로는 열심히 응원해 주었지요.

일요일 아침이지만 대승이는 일찍 일어났어요. 오늘은 예선 시합을 하는 날이거든요. 대승이는 긴장되어 잠을 설쳤어요. 이번 시합은 정말 꼭 이기고 싶었거든요.

엄마는 벌써 운동장에 나갈 준비를 하고 계셨어요.

"대승아! 일찍 일어났네."

"일찍 가서 준비할 것이 있어서. 엄마, 빨리 밥 줘."

분명 상현이가 일찍 나와 연습을 하고 있을 거란 생각이 들었거든요.

식탁 앞에 앉은 대승이가 생각에 잠겼어요.

"무슨 생각을 그렇게 하니?"

대승이가 숟가락을 놓고 엄마를 쳐다봤어요.

"긴장되지?"

"응."

"꼭 이겨야 한다고 생각하면 긴장돼서 더 힘들어지는데."

엄마는 시합이라면 꼭 이기려고 하는 대승이의 경쟁심이 걱정되었어요.

"엄마! 나는 왜 꼭 1등을 하려고 할까? 언젠가 상현이가 수학 백점 받으면 기분이 어떠냐고 물어봤는데, 그때 나는 대답을 못 했어. 정확히 이유를 모르겠더라고."

대승이가 곰곰이 생각에 잠겼어요.

엄마가 대승이를 걱정스러운 눈으로 쳐다봤어요.

"엄마, 1등은 꼭 한 사람만 할 수 있는 거잖아. 그래서 좋았던 것 같아. 내가 최고라고 인정받고 싶었어. 나만 최고가 되고 싶은 마음이 있었나 봐. 그런데 그거보다 더 좋은 게 있더라고."

"그게 뭔데?"

대승이가 계란말이를 먹으면서 말을 이어 갔어요.

"애들이랑 함께하는 것이 더 좋았어. 행복한 느낌. 친구들을 이기고 1등 했을 때는 지금 생각해 보면 꼭 좋은 기분은 아니었어. 그때는 몰랐는데."

엄마는 대승이가 말하는 모습이 참 예뻤어요.

"엄마! 오늘 시합에서 꼭 이기면 좋겠어. 나만을 위해서가 아니라 우리 팀을 위해서."

"우리 아들, 기특하다!"

대승이는 밥을 먹고 운동장으로 뛰어갔어요. 운동장에 들어서면서 이렇게 설레 본 적은 처음이었어요. 이기겠다는 마음이 강했을 때는 긴장되고 스트레스가 많았지요. 하지만 지금은 기대되고 설레었어요.

멀리 운동장에서 상현이가 연습을 하고 있었어요. 대승이는 뛰어가며 상현이를 불렀어요.

"상현아! 일찍 나왔네."

상현이가 손을 흔들며 대승이를 쳐다봤어요.

"너도 일찍 나왔네."

멀리 준수가 뛰어오고 있었어요. 기태도, 성인이도 약속이라도 한 듯 운동장에 모였어요.

아이들은 서로 쳐다보고 웃었어요. 그리고 둥그렇게 모여 몸 풀기를 시작했지요.

지난 한 달 동안 아이들은 날마다 상현이네 집 뒤에 있는 공터에 모여 이렇게 연습을 했어요. 연습하다가 가야 할 학원이 있는 친구들은 학원으로 가고, 학원에서 돌아온 아이들은 상현이네 공터로 자연스럽게 모여 연습을 했어요. 대승이는 개인 코치 선생님께 배운 것, 아빠랑 삼촌에게 들은 운동에 관한 정보를 상현이에게 가르쳐 주었어요. 엄마가 캄보디아 사람이고, 아빠가 지방에 계신 상현이는 이런 정보를 얻기 힘들었기 때문이지요. 성격 좋은 상현이는 아이들에게 배울 때도 자존심 상해 하지 않고 분위기를 띄웠어요.

"준수는 진짜 선수처럼 잘 가르쳐 주네. 어쩜 그렇게 자세가 정확하니."

"대승이가 설명해 주면 이해가 쏙쏙 되더라."

"역시 주장이라 다르구나. 대승이의 폼이 최고야."

"기태 발이 빠른 이유가 이거였구나."

상현이의 칭찬에 힘을 얻은 아이들은 더 열성적으로 상현이를 가르쳐 주고 싶어 했어요. **아이들은 상현이를 가르쳐 주면서 스스로 배워 가고 있었어요.**

몸 풀기를 하며 연습을 끝낸 아이들이 둥그렇게 모였어요.

대승이가 아이들을 바라보며 말했어요. 긴장한 탓인지 목소리가 살짝 떨렸어요.

"드디어 본선 시합이야. 하필 구령초랑 첫 시합을 하게 돼서 긴장된다. 그렇지?"

"그러니까, 어휴 하필 구령초야. 작년 최우승 팀이잖아."

"힘들게 여기까지 왔는데. 어쩌냐."

아이들이 여기저기서 한숨을 쉬었어요.

"이기는 것보다 중요한 것은 우리가 함께한다는 것 아닐까?"

대승이의 말에 아이들이 어이없다는 듯 대승이를 쳐다봤어요.

"넌 지고 못 사는 성격이잖아."

기태가 말했어요.

"그래. 나는 1등을 하고 싶어서 뭐든 열심히 했어. 능력 있는 사람이 이기는 것은 당연한 거라고 생각했고. 토끼와 거북이의 시합도 공정하다고 생각했었어."

대승이의 말에 아이들은 고개를 갸웃거렸어요.

"그동안 내가 지우개 따먹기 게임에서 너희 지우개를 모두 딸 수 있었던 건 내 지우개가 가장 컸기 때문이잖아."

"그건 그렇지."

불만이 많았던 준수가 대답했어요.

"축구 시합에서 내가 공을 많이 넣을 수 있었던 이유는 개인 코치 선생님의 탁월한 기술을 배웠기 때문이었어. 상현이도 나처럼 열심히 연습했다는 건 우리 모두 알잖아."

아이들은 고개를 끄덕였어요.

"나는 1등을 하면 우쭐했어. 내가 1등을 좋아했던 이유는 1등은 한 사람만 할 수 있기 때문이었어. 나만 할 수 있는 거라서 좋았던 거 같아."

"그래서?"

아이들은 대승이가 하려는 말이 무엇인지 이해가 안 되었어요.

"내가 한 1등은 토끼와 거북이의 경주와 비슷한 거더라고. 공정하지 않았다는 거지. 한 달 동안 나는 상현이를 가르쳐 주면서 내가 더 많이 배웠어. 혼자 하는 1등보다 함께하는 1등이 힘이 더 세지 않을까? 공정할수록 협동하게 되니까 더 강해지는 거라고 생각해."

　대승이가 웃으며 말했어요.

"너희도 그렇지?"

"맞아. 맞아."

아이들이 모두 입을 모아 대답했어요.

"그러니까 오늘 우리 모두 최선을 다해 이겨 보자. 파이팅!"

대승이가 힘차게 파이팅을 외쳤어요.

대승이의 말에 아이들의 마음도 따스해졌어요. 갑자기 상현이가 탭 댄스를 추듯 두 손을 하늘로 쳐들고 손가락을 비틀며 돌았어요. 축구화로 운동장을 두드리며 손바닥을 두드렸지요.

"난 축구화를 사면 이렇게 탭 댄스를 꼭 춰 보고 싶었어."

아이들이 우스꽝스러운 상현이 모습에 배꼽이 빠질 듯 웃었어요.

상현이가 드디어 축구화를 샀거든요.

드디어 시합이 시작되었어요.

"축구는 한 사람이 하는 경기가 아니라는 것 잊지 말고. 지난 한 달 동안 너희는 한 몸처럼 운동했다. 우리 팀은 하나라는 것을 믿어라."

코치님의 말을 들은 아이들은 자신감을 가지고 경기장으로 들어갔어요.

구령초 팀은 전년도 우승팀답게 조직력이 탄탄했어요. 패스도 정확하고요. 공격도 빠르고 힘이 있었지요. 공격에 자신 있어 하던 대승이도 공을 빼앗기는 실수를 자주 했어요. 수비를 맡은 준수와 기태도 상대팀을 방어하기가 버거웠어요. 상대팀이 달려들면 아이들이 주춤거리고 뒤로 물러서기도 했어요. 하지만 골키퍼를 맡은 성인이는 어떤 공이 와도 무서워하지 않고 공을 막아 냈어요.

전반전은 2:1로 대승이 팀이 지고 있었어요. 후반전을 시작하는 아이들은 마음이 조급했어요. 시합에서 질 수도 있다는 생각은 실수를 만들었어요.

준수가 상대 팀에게 공을 빼앗겼어요. 그때 상현이가 큰 소리로 외쳤어요.

"괜찮아, 준수야. 괜찮아, 준수야."

상현이의 말을 기태가 받아 다시 외쳤어요.

"괜찮아, 준수야. 괜찮아, 준수야."

준수가 뛰면서 숙였던 고개를 들었어요. 그리고 다시 뛰기 시작했어요. 아이들은 서로를 쳐다보고 고개를 끄덕이며 힘을 주었어요.

상현이가 상대팀 공을 빼앗다 넘어졌어요.

준수가 뛰어와 넘어진 상현이를 일으켜 세워 주며 외쳤어요.

"괜찮아! 상현아. 괜찮아! 상현아."

대승이가 다시 큰 소리로 외쳤어요.

"괜찮아, 상현아! 괜찮아, 상현아!"

그러자 아이들이 한 목소리로 외쳤어요.

"괜찮아, 상현아! 괜찮아, 상현아!"

상현이가 일어나 웃으며 뛰었어요.

성인이가 상대팀 공을 멋지게 막아 냈어요.

"멋지다, 성인아! 멋지다, 성인아!"

상현이가 외쳤어요.

아이들이 모두 한 목소리로 외쳤어요.

"멋지다, 성인아! 멋지다, 성인아!"

외침은 아이들 가슴에 용기를 주었어요. 아이들은 친구가 실수했을 때는 용기를 주었고, 패스를 잘하거나 공을 넣었을 때는 칭찬해 주었어요. 아이들의 외침에 마치 약이라도 담긴 듯이 아이들은 용기를 얻었어요.

아이들은 지치지 않고 대승이를 중심으로 한 몸처럼 뛰기 시작했어요. 상현이는 빠른 발로 움직이며 공격수와 수비수의 사이를 연결해 주었고, 준수는 기태에게, 기태는 준수에게 패스를 하며 상대팀의 수비를 뚫었어요. 상대 팀만큼 공격이 빠르지는 않았지만, 경기하는 모습은 마치 여러 사람이 하나의 목소리를 내는 합창단 같았어요. 아이들은 골대를 향해 하나로 움직이며 공을 넣기 시작했어요.

이제 후반전이 1분밖에 남지 않았어요. 준수의 공을 받은 대승이가 힘껏 골대를 향해 달려갔어요. 현재 3:3 동점이었지요.

마지막 공격이라는 생각에 대승이는 온 힘을 다해 달렸어요.

대승이는 처음으로 자신만을 위한 승리가 아닌 팀 모두를 위한 승리를 하고 싶었어요.

대승이가 골대 앞에서 힘껏 공을 찼어요. 대승이의 공이 골대를 향해 쏜살같이 날아갔어요.

10월의 눈부신 햇살 아래 아이들의 함성이 하늘 높이 날아올랐어요.

만일 나라면?

뭉치야, 음악 시간에 합창할 때 솔로 부분 누가 부를 것 같아?

글쎄, 잘하는 사람이 해야겠지? 혹시 나라고 생각하는 거니?

뭉치야, 너 지난 시간에 보니 노래 실력이 많이 늘었더라. 연습을 많이 하나 봐.

우리가 무언가를 잘하려면 자신의 노력만으로 될까요?
함께 생각해 봐요.

내가 잘하는 것은 무엇일까?

나는 어떻게 그 일을 잘하게 되었을까?

새롬이는 학원에서 배운다 해도 나만큼은 못 할걸!

뭉치, 케이 팝 아이돌 되고 싶다고 새로 생긴 보컬 학원 다닌대.

뭉치의 노래 실력이 자기 노력 덕분인지 학원에서 배운 덕분인지 궁금해지네.

우리가 무언가를 잘하려면 자신의 노력, 주변 조건, 행운 등이 모두 필요하단다. 그러니 우리가 무언가를 잘하면, 그런 환경을 만들어 준 주변 사람들에게 고마워하는 마음을 가져야 한단다.

정의의 가면 쓰기 놀이

공정한 분배를 위해서 무엇이 필요할까? 공정한 분배가 어떤 것을 말하는지 '정의의 가면 쓰기'라는 게임을 통해 함께 생각해 보자.

정의의 가면 쓰기 놀이

놀이터에서 친구들과 놀다가 다리를 저는 비둘기를 보게 되었어. 지영이는 다리가 아파 먹이를 찾아다닐 수 없는 비둘기를 보자 안타까운 마음이 들었어. 그래서 같이 놀이터에서 놀던 아이들에게 돈을 모아 동물 병원에 데려가자고 말했지. 아이들은 모두 좋다고 했지만, 문제는 치료비였어. 아이들은 포기하지 않고 용돈을 모아 보기로 했지. 하지만 아이들이 받는 용돈은 서로 달랐어. 한 달 용돈으로 순이는 오천 원, 승준이는 삼천 원, 지영이는 칠천 원, 재민이는 이만 원을 받았어. 아이들은 모두 자신이 얼마나 내야 할지 의견이 모이질 않았어. 비둘기는 불쌍하지만 무언가를 사 먹을 생각을 하면 조금이라도 적게 내고 싶었지. 그러자 순이가 '정의의 가면 쓰기' 놀이를 제안했단다. 모두가 가면을 쓰고 지금부터 자신이 용돈을 얼마나 받는지 모른다고 생각하고, 용돈 삼천 원, 오천 원, 칠천 원, 이만 원을 받는 사람 중에 누가 가장 많이 내야 공정한 것인지 생각해 보기로 했지. 중요한 것은 용돈이 삼천 원인 승준이도, 이만 원인 재민이도, 지금은 자신의 용돈을 모른 척하고 이 게임에 참여해야 해. 결과는 어떻게 되었을까?

'정의의 가면 쓰기' 놀이는 원래 상황을 잠시 잊고 자신이 가장 불리한 처지에 있다고 생각하고 문제를 다시 생각해 보는 거야. 우리의 얼굴을 가리듯, 나의 상황을 생각하지 말고 문제 자체에 대한 더 나은 해결책을 생각해 보는 거지. 아이들이 '정의의 가면'을 쓰기 전과 후에 각각 누가 가장 많이 내고 적게 내야 한다고 생각했을지 추측해 보렴.

	'정의의 가면'을 쓰기 전	'정의의 가면'을 쓴 후
 승준		
 순이		
 재민		
 지영		

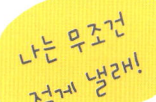

200만 부 판매 돌파!

한국디베이트협회 / 서울시 교육청 추천도서

2017 세종도서 교양부문 / 2012 문화체육관광부 우수교양도서

미래창조과학부인증 우수과학도서 2018 / 책나라

2016년 우수건강도서

AI시대 미래
토론

✓ 뭉치북스가 만든 국내 최초 토론책!   ✓ 초등 국어
✓ 한국디베이트협회와 교

01 함께 사는 로봇
02 원시인도 모르는 공룡
03 더 멀리 더 높이 더 빨리 스포츠 과학
04 까만 우주 속 작은 별
05 노벨도 깜짝 놀란 노벨상
06 지켜라! 멸종 위기의 동식물
07 도로시의 과학 수사대
08 살아 있는 백두산
09 콜록콜록! 오늘의 황사 뉴스
10 앗! 이런 발명가, 왜! 저런 발명품
11 아낄수록 밝아지는 에너지
12 과학 Cook! 문화 Cook! 음식의 세계
13 과학을 훔친 수상한 영화관
14 끝없이 진화하는 무서운 전염병
15 지구 온난화와 탄소배출권
16 먹을까? 말까? 먹거리 X파일
17 우리 몸을 흐르는 피와 혈액형
18 진짜? 가짜? 가상현실과 증강현실
19 두근두근 신비한 우리 몸속 탐험
20 우리를 위협하는 자연재해
21 봄? 가을? 경계가 모호해지는 사계절
22 세균과 바이러스 꼼짝 마! 약과 백신
23 생태계의 파괴자? 외래 동식물
24 콸콸콸~ STOP!!! 우리나라도 위험해요, 소중한 물
25 오늘도 나쁨! 작아서 더 무서운 미세먼지
26 식량 위기에서 인류를 구할 미래 식량
27 썩지 않는 플라스틱 지구와 인간을 병들게 하는 환경 호르몬
28 나와 똑같은 또 다른 나, 인간 복제
29 미래의 디지털 첨단 의료
30 땅속 보물을 찾아라! 지하자원과 희토류
31 농사일부터 우주 탐사까지, 미래는 드론 시대
32 알쏭달쏭 미지의 세계, 뇌
33 얼마나 작아질까? 어디까지 발달할까? 나노 기술과 첨단 세계
34 찾아라! 생명체가 살 수 있는 또 다른 별, 제2의 지구
35 배울수록 더 강해지는 인공 지능
36 창조론이냐? 진화론이냐? 다윈이 들려주는 진짜진짜 진화론
37 모두모두 소중한 생명 엄춰요 동물 실험
38 유해할까? 유용할까? 생활 속 화학 물질
39 46억 년의 비밀, 생명을 살리는 지구
40 과학자가 가져야 할 덕목, 과학자 윤리와 책임

문화체육관광부 우수교양도서 | 서울시교육청 추천도서 | 경기도 사서협의회 추천도서 | 한국교육문화원 추천도서 | 아침독서 추천도서

100만 부 판매 돌파!

수학이 쉬워지고, 명작보다 재미있는

뭉치수학왕

"인공지능(AI) 시대의 힘은 수학에서 나온다!"

개념 수학

〈수와 연산〉
1 양치기 소년은 연산을 못한대
2 견우와 직녀가 분수 때문에 싸웠대
3 가우스, 동화 나라의 사라진 0을 찾아라
4 가우스는 소수 대결로 마녀들을 물리쳤어
5 앨런, 분수와 소수로 악당 히들러를 쫓아내라
6 약수와 배수로 유령 선장을 이긴 15소년

〈도형〉
7 헨젤과 그레텔은 도형이 너무 어려워
8 오일러와 피노키오는 도형 춤 대회 1등을 했어
9 오일러, 오즈의 입체도형 마법사를 찾아라
10 유클리드, 플라톤의 진리를 찾아 도형 왕국을 구하라
11 입체도형으로 수학왕이 된 앨리스

〈측정〉
12 쉿! 신데렐라는 시계를 못 본대

13 알쏭달쏭 알라딘은 단위가 헷갈려
14 아르키는 어림하기로 걸리버 아저씨를 구했어
15 원주율로 떠나는 오디세우스의 수학 모험

〈규칙성〉
16 떡장수 할머니와 호랑이는 구구단을 몰라
17 페르마, 수리수리 규칙을 찾아라
18 피보나치, 수를 배열해 비밀의 방을 탈출하라
19 비례배분으로 보물섬을 발견한 해적 실버

〈자료와 가능성〉
20 아기 염소는 경우의 수로 늑대를 이겼어
21 파스칼은 통계 정리로 나쁜 왕을 혼내 줬어
22 로미오와 줄리엣이 첫눈에 반할 확률은?

〈문장제〉
23 개념 수학-백점 맞는 수학 문장제①
24 개념 수학-백점 맞는 수학 문장제②
25 개념 수학-백점 맞는 수학 문장제③

융합 수학
26 쌍둥이 건물 속 대칭축을 찾아라(건축)
27 열차와 배에서 배수와 약수를 찾아라(교통)
28 스포츠 속 황금 각도를 찾아라(스포츠)
29 옷과 음식에도 단위의 비밀이 있다고?(음식과 패션)
30 꽃잎의 개수에 담긴 수열의 비밀(자연)

창의 사고 수학
31 퍼즐탐정 썰렁홈즈①-외계인 스콜피오스의 음모
32 퍼즐탐정 썰렁홈즈②-315일간의 우주여행
33 퍼즐탐정 썰렁홈즈③-뒤죽박죽 백설 공주 구출 작전
34 퍼즐탐정 썰렁홈즈④-'지지리 마란드러' 방학 숙제 대작전
35 퍼즐탐정 썰렁홈즈⑤-수학자 '더하길 모테'와 한판 승부

36 퍼즐탐정 썰렁홈즈⑥-설국언차 기관사 '어려도 달리능기라'
37 퍼즐탐정 썰렁홈즈⑦-해설 및 정답

수학 개념 사전
38 수학 개념 사전①-수와 연산
39 수학 개념 사전②-도형
40 수학 개념 사전③-측정·규칙성·자료와 가능성

독후 활동지

**본책 40권+독후 활동지 7권
정가 580,000원**